YOUR KNOWLEDGE HAS VALUE

- We will publish your bachelor's and master's thesis, essays and papers

- Your own eBook and book - sold worldwide in all relevant shops

- Earn money with each sale

Upload your text at www.GRIN.com and publish for free

Bibliografische Information der Deutschen Nationalbibliothek:

Die Deutsche Bibliothek verzeichnet diese Publikation in der Deutschen National-
bibliografie; detaillierte bibliografische Daten sind im Internet über http://dnb.d-
nb.de/ abrufbar.

Impressum:

Copyright © 2017 GRIN Verlag, Open Publishing GmbH
Druck und Bindung: Books on Demand GmbH, Norderstedt Germany
ISBN: 9783668435148

Dieses Buch bei GRIN:

http://www.grin.com/de/e-book/358151/mein-persoenlicher-bachelor-dissertation-
guide-2017

Paul Müller

Mein persönlicher Bachelor-Dissertation Guide 2017

GRIN Verlag

GRIN - Your knowledge has value

Der GRIN Verlag publiziert seit 1998 wissenschaftliche Arbeiten von Studenten, Hochschullehrern und anderen Akademikern als eBook und gedrucktes Buch. Die Verlagswebsite www.grin.com ist die ideale Plattform zur Veröffentlichung von Hausarbeiten, Abschlussarbeiten, wissenschaftlichen Aufsätzen, Dissertationen und Fachbüchern.

Besuchen Sie uns im Internet:

http://www.grin.com/

http://www.facebook.com/grincom

http://www.twitter.com/grin_com

Wie schreibe ich meine Bachelor-
Dissertation? Auf was kommt es an?
Warum bringt Stress weniger als Nichts?
Welche Schritte sind wichtig? Wie gehe
ich vor? All das erfährst du hier, in
meinem persönlichen Bachelor-
Dissertation Guide
2017.

DER

Bachelor-

Dissertation

Guide 2017

Inhaltsverzeichnis

Leitfaden zur Bachelor-Dissertation

- Punkt 1: Der wichtigste Punkt, um eine erfolgreiche Bachelor-Dissertation zu schreiben, ist definitiv die RUHE zu bewahren. Kein Stress, kein Druck, eine gute Organisation, kein schlechter Sex!
- Punkt 2: Aufbauend auf Punkt 1, beinhaltet der zweite Punkt, sogenannte „Stresser", also Menschen, die sich wegen alles und allem Stress machen, zu ignorieren. Einfach abblocken.
- Punkt 3: Wie schon kurz in Punkt 1 angesprochen ist das aller, aller, aller wichtigste, dass der Ersteller der Bachelor-Dissertation eine klare Strukturierung, Organisation und Planung haben muss. Dann kann's losgehen!

Step 1: Vorbereitung

Thema nicht bekannt?
➔ Lies viel, sehr viel und noch mehr. Interessiert dich etwas besonders? Hast du für irgendetwas eine Leidenschaft? Was würdest du gerne herausfinden? Was wurde noch nicht „erforscht" (du erforschst eh nichts, tust aber so)?
   o Falls du immer noch nichts findest, les weiter, bis du ein Thema findest.

Thema bekannt?
➔ Na also, geht doch. Das Wichtigste und zugleich Schwerste, ist das richtige Thema zu finden. Sobald du (deiner Meinung nach) aber ein Thema gefunden hast, ran Junge! Jetzt fängt der Spaß an...

Step 2: Die Literature Review

Da du ein Thema gefunden hast befasst du dich nun zuerst mit dem wissenschaftlichen Bereich, oder auch Literature Review. Da man an der gut organisierten HdWM, oder auch University of Applied Management Studies Mannheim (hört sich viel besser an, aber ist die gleiche Uni), circa 2 Wochen vor Abgabe der Bachelor Arbeit erläutert bekommt, was eigentlich die „Literature Review" überhaupt ist, erkläre ich es Mal etwas früher.

Die Literature Review ist der wissenschaftliche Bereich in deiner wissenschaftlichen Bachelor-Dissertation. Um diesen wissenschaftlichen Bereich erstellen zu können, musst du also viel wissenschaftliche Recherche zu deinem Thema machen. In anderen Worten: Suche, recherchiere und lese viele Papers (peer-reviewed-sources). Wichtig hierbei ist, dass die Artikel, Papers, oder Texte, die du liest, peer-reviewed sind. In anderen Worten, wissenschaftlich belegte Artikel. Gebe niemals, denke nicht mal daran, also wirklich nie!!! komische Quellen wie Wikipedia, Google, Bing, oder andere seriöse „References" in deiner Bachelor-Dissertation an.

Tipp 1:   Nahezu alle Bücher sind peer-reviewed, da diese von renommierten Autoren geschrieben wurden, also unbedingt Bücher als Quellenangaben verwenden, auch wenn ihr sie nicht gelesen habt.

Tipp 2:   Wenn du einen, deiner Meinung nach guten wissenschaftlichen Artikel gefunden und gelesen hast, schau in den Quellenangaben des gleichen Artikels nach weiteren Quellen. Vorteil: So bekommst du schnell weitere peer-reviewed-Papers und hast automatisch mehr Quellen für deine „List of References" in der Bachelor-Dissertation.

Ziel der Literature Review ist es, Meinungen, Ansichten, Statements, Forschungen und Feststellungen von diversen Autoren objektiv darzustellen. Objektivität ist hier das Schlüsselwort. Bringe **nicht** deine eigene Meinung ein, sondern präsentiere nur die Ansichten von verschiedenen Autoren. Optimaler Weise findest du Autoren, welche die gleiche Meinung zu einem bestimmten Punkt haben und zugleich Autoren, die genau das Gegenteil sagen. So kannst du später in deiner Recherche exakt auf solche Widersprüche eingehen und diese „neu" erforschen. Versuche die Literature Review so aufzubauen, sodass du „grob" mit deinem Thema anfängst und versuchst gegen Ende dein Thema auf den Punkt zu treffen. Beispiel: Mein Thema der Bachelorarbeit befasste sich mit „Performance Appraisals", oder auch Feedbackgespräche zwischen Chefs und ihren Angestellten.

Ich habe meine Literature wie folgt gegliedert:

Um dem Leser einen aufrichtigen Überblick über mein Thema zu geben, habe ich mit Human Resource Management im Allgemeinen angefangen. Danach kam ich zu Performance Management als einen Teil von HR, um schließlich zu dem eigentlichen Thema, dem Performance Appraisal zu gelangen. Bildlich solltest du dir die Literature Review entsprechend als eine Art Trichter vorstellen.

Tipp 3: Plane genug Zeit für deine Literature Review ein! Sie ist dein Hauptbestandteil deiner Bachelor-Dissertation und somit die Grundlage für die folgenden Schritte. Die Recherche für die richtigen und relevanten Artikel bezüglich deines Themas sollte nicht länger als 3 Wochen dauern! Mache dir stets Notizen, markiere dir Textabschnitte und Überschriften und ordne wichtige Paper in einem separaten Ordner ab. Für das Schreiben der Literature Review solltest du circa 1-2 Wochen einkalkulieren. **Da die Wortanzahl von Dozent zu Dozent variiert, ist es wichtig dies vorzeitig mit deinem eigenen Supervisor abzuklären!**

Gute Möglichkeiten zur Recherche:
1) *www.ebscohost.com*
2) *www.proquest.com (Account Uni Mannheim notwendig)*

Auflistung aller Recherchemöglichkeiten:

https://www.bib.uni-mannheim.de/datenbanken/?libconnect%5Bsubject%5D=40&libconnect%5Bsort%5D=alph

Step 3: Method

Nachdem du erfolgreich deine Literature Review abgeschlossen hast, kannst du dich nun auf deine „eigene" Forschung konzentrieren. In dem Schritt „Method" musst du dich zuerst entscheiden, ob du dich für eine **qualitative** oder eine **quantitative** Umfrage entscheidest.

Kurz zusammengefasst: Bei beiden Arten der „Befragung" konzipierst du 10-15 Fragen, welche sich auf dein Thema fokussieren sollen. Mit Hilfe dieser gestellten Fragen, willst du deinen „Kern" der Bachelor-Dissertation erforschen. Du willst also eine Antwort auf deine so genannte „Main Question" bekommen.

Quantitative Befragung:

Bei einer quantitativen Befragung erreichst du dies durch Online Umfragen, wie z.B. surveymonkey.com. Anonyme Personen werden so deine Fragen beantworten und du hast schließlich die Ehre deine erlernten Statistik Kenntnisse für die Auswertung der Ergebnisse anzuwenden.

Tipp: Glaub mir, lass die Finger von einer quantitativen Umfrage, es sei denn du hast eine 1,0 in Mathe, Statistik und Physik.

Qualitative Befragung:

Im Kontrast dazu, konzentrierst du dich bei einer qualitativen Umfrage auf eine Kandidatenauswahl. Was ich damit meine ist Folgendes:

Du suchst dir (vielleicht gibt dir dein Supervisor auch welche) geeignete Interviewpartner (zwischen 8-12 Stück im optimalen Fall), mit welchen du die von dir erstellten Fragen durchgehst. Wichtig ist hier, dass die meisten Supervisors eine Transkription der Interviews voraussetzen.

In anderen Worten: Nehme dir dein Laptop zu den Interviews mit, öffne deinen Fragebogen und schreibe die Antworten der Interviewpartner Wort für Wort herunter parallel mit. Das erspart dir eine Menge an Zeit, denn so musst du das nicht nochmals zuhause machen.

Nachdem du dich entschieden hast, ob du eine quantitative oder eine qualitative Befragung durchführen möchtest, solltest du dir Gedanken machen, wie du deine Interviewfragen „designest". Bestenfalls hast du mindestens eine Frage zu jedem Textabschnitt aus der Literature Review. Im optimalsten Fall der optimalsten Fälle findest du Fragen, zu welchen diverse Wissenschaftler verschiedene Antworten und Meinungen haben, sodass **DU** entsprechend die „richtige" Antwort herausfinden / erforschen kannst.

Tipp 4: Designe deine Interviewfragen (Outline der Fragen) schön! Da du das Outline der Interviewfragen in deinen Appendix anfügst, sollte es professionell und gut designed aussehen!

Hier mal ein Beispiel wie ich es gemacht habe: (natürlich perfekt)

Questionnaire for the interview

1	How can a company create competitive advantage through human resource management?
2	What is the advantage for a company or organization of owning a well-managed and well-structured human resource management system?
3	Why would you agree that the main performance management (PM as a main tool of HRM) is to improve the results within the whole company or organization, its internal departments and between the individual team members? If you do not agree, why?
4	Why is it important for employees to identify their individual and personal business objectives with the company's or organization's main business strategy and mission?
5	Why do managers as well as subordinates do not like the procedure of a performance appraisal in general? Is it because of the possibility of giving / receiving negative feedback?
6	Does a well-conducted performance appraisal provide companies an opportunity to gather an effective corporate performance? How can it be seen as a tool to find solutions for current business problems?

Nachdem du dir also **sorgsam** Gedanken gemacht hast, welche Art der Befragung für dich die Richtige ist und du deine Fragen erstellt und designest hast, kommst du nun zu deiner Method Beschreibung. In der „Method" ist es wichtig, dem Leser zu erklären warum du dich für deine persönliche Variante der Befragung entschieden hast. Du solltest also neben deiner Research Strategy, auch auf deine Research Method ausführlich eingehen. Gehe auf jede Frage exakt ein, beschreibe warum du dir diese Frage ausgedacht hast, warum die Frage letztendlich relevant und zielführend für das Ziel deiner Bachelor-Dissertation ist. Gehe auch auf deine Interviewpartner ein. wie alt sind sie? Haben Sie alle unterschrieben, dass du Ihre Angaben und Antworten vertraulich behandelst? Welche Position haben sie (Manager, Supervisor, Line Manager, Employee)?

Erkläre dass z.B. der erste Interviewpartner gleichgesetzt mit „R1" ist. Interviewpartner 2 mit „R2", Interviewpartner 3 mit „R3" und so weiter. Das ist wichtig, da du **NIEMALS**!!! Interviewpartner in deiner Bachelor-Dissertation mit Namen nennen darfst, auch nicht das Unternehmen. Danach gehst du noch auf deine Research Limitations ein und schließlich noch auf die Ehtical considerations. Hier mal ein Beispiel von der Gliederung, meinen Research Limitations und Ethical considerations (die schwersten):

Beispiel Gliederung der Method im Inhaltsverzeichnis:

Beispiel Research Limitations:

"…Several limitations arise in light of the research method in this study. The first limitation covers the distribution of the questionnaire. Since the survey was an interview, a method of selection was necessary to find the right participants with whom to conduct these interviews. Moreover, the interview partners needed to have the ability to understand and speak English fluently so that the author did not need to translate the questions or responses from German to English. Further, once the author found the right candidates for the interview, they also needed to agree that the author was allowed to record the interview to later on transcribe it. In addition, the research relied on the interviewee's willingness to conduct an interview, their correctness, their credibility, and honesty. Another bias in this research could have been that all interviewees were allowed to respond individually. Further, the sample size of this study is a clear limitation as a sample size of twelve interviewees cannot be accurately expanded to represent the replies from an entire relevant population. Additionally, the conclusion drawn from the responses of the interviewees is limited to the expertise and knowledge of each interview expert. Lastly, because of its subjectivity and interpretation, the conclusion also depends on the researcher's understanding of the gathered information…"

Beispiel Ethical Considerations:

"...The general purpose of ethical considerations is not to cause damage (Qu & Dumay, 2011). In other words, the overall purpose of the study was explained to the interviewees and the researchers promised to deal with gathered information confidentially. Another requirement for research is that all participants freely volunteer for the interviews. Therefore, the individual interviewee needed to be informed about the overall process, the author's role, and how the achieved data was going to be used in the future (Qu & Dumay, 2011). All interviewees were briefed about the overall purpose of the study before conducting the interviews. Further, all participants who have taken part in the process were guaranteed anonymity and absolute discretion. To ensure that the interview partners were familiar with the general research topic and the detailed questions, interviewees were sent the whole set of questions at least one week before conducting the interview. According to the individual questions, interviewees could decide freely whether to respond to it or not. The participation of the interviews was voluntary and interviewees were allowed to take as much time as they wanted to answer the questions. The last ethical consideration was the legal one, which covered the requirement that the participants be at least 18 years old to conduct and participate in the interview process. This necessity was also stated on the first page in the questionnaire..."

Tipp 5: Spreche auch hierzu mit deinem Supervisor rechtzeitig, wie viele Wörter er in etwas verlangt. Die Wortanzahl variiert immer, von Supervisor zu Supervisor, also frag nach!

Step 4: Findings

Du solltest erstmal durchatmen, wenn du es bis hier hin geschafft hast! Gönn dir doch mal 2-3 Tage Pause, in denen du Wellness machst, feiern gehst oder einfach nur schläfst. Glaub mir das brauchst du, denn jetzt geht's wieder weiter.

In deinen Findings „erzählst" du dem Leser, detailliert, wie viele Interviewpartner was gesagt haben. Dazu verwendest du bei **JEDER** einzelnen Frage ein Säulendiagramm, in welchem du die meist genannten Antworten bildlich darstellst (verwende dazu Excel).

Um die Antworten bildlich darzustellen, musst du deine Antworten **coden**. Das „Coding" ist hier das Schlüsselwort. Hierzu gibt es übrigens auch von der gut organisierten Uni einen „Workshop", der circa 4 Tage 14 Stunden und 8 Sekunden vor Abgabe der Bachelor-Dissertation versucht, dir deine letzten Sorgen zu nehmen. Ich fasse diese kleine, unnötige und irrelevante Verrücktmacherei kurz zusammen, sodass man da schon mal nicht mehr hingehen muss.

Coding

➔ Um deine Antworten zu coden, drucke dir deine transkribierten Interviews aus und vergleiche die Antworten der verschiedenen Interviewpartner. Beispiel: Zu Frage 1 schaust du dir an was R1, R2, R3,…, R10 gesagt haben und codest dann die „meist" genannten Antworten, sodass du eine Tabelle mit oft genannten Punkten erstellen kannst. Ja, das ist es auch schon. Für diesen einen Satz braucht unsere Uni lächerliche 4 Stunden, ich war schneller und genauer, glaube mir. Es gibt auch Programme im internet dafür, das war mir aber zu komplex, deswegen habe ich das händisch gemacht. Für das Coding solltest du pro Frage circa eine Stunde einrechnen.

Beispiel Findings aus meiner Bachelor-Dissertation:

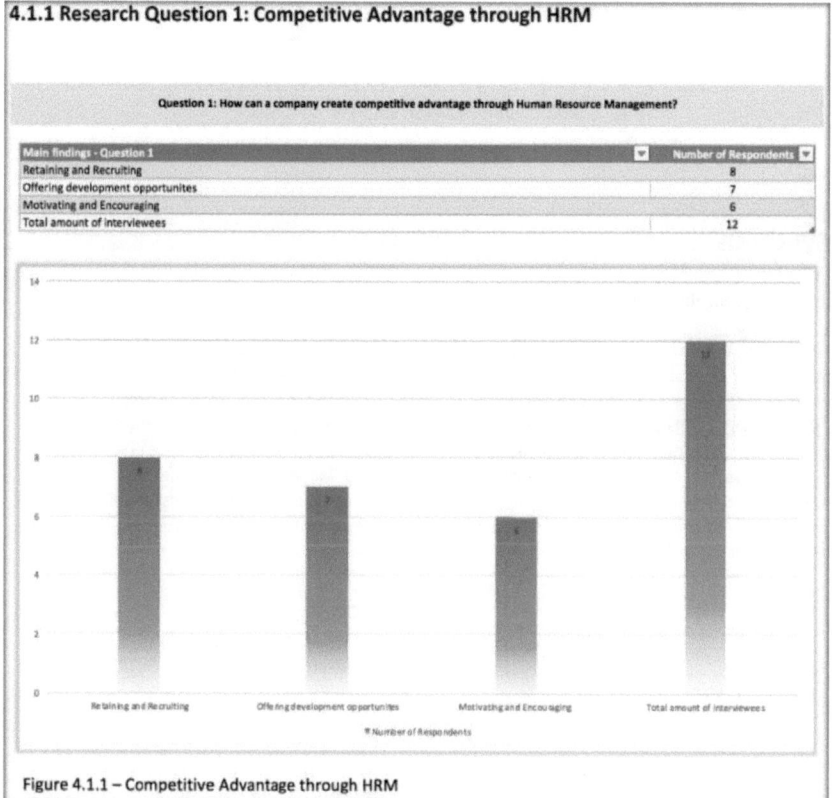

4.1.1 Research Question 1: Competitive Advantage through HRM

Question 1: How can a company create competitive advantage through Human Resource Management?

Main findings - Question 1	Number of Respondents
Retaining and Recruiting	8
Offering development opportunites	7
Motivating and Encouraging	6
Total amount of interviewees	12

Figure 4.1.1 – Competitive Advantage through HRM

> *„...Figure 4.1.1 illustrates the first question asked in the interview. The researcher was interested in how competitive advantages can be created through HRM.*
> *Eight respondents agreed that HRM clearly helps a company or organization to achieve competitive advantage by retaining employees and by recruiting the right employees for the*
> 30
> *right position. Seven participants mentioned that the offer of development opportunities to employees is also an essential factor in employee retention. Six out of the twelve interview candidates agreed that continuous motivation and encouragement of the individual employees are important components for achieving competitive advantage. Notably, but not illustrated in the table, R1 also mentioned how crucial it is that HR communicate current business problems within the company and its departments to ensure that the intended business culture will develop.*
> *Thus, according to the responses, three key categories regarding how competitive advantage can be achieved are identified as follows: (1) retaining and recruiting employees, (2) offering development opportunities, and (3) motivating and encouraging employees continuously to gain competitive advantage in the daily business environment through HRM..."*

Das machst du Frage für Frage, bis du an deiner Letzten angekommen bist und mit dem nächsten Teil beginnen kannst, der Synthesis.

Tipp 6: Du erklärst dem Leser wieder nur OBJEKTIV, wie viele participants, was gesagt haben. Keine subjektive Meinung, reine objektive Darstellung der Ergebnisse aus deinen Interviews.

Step 5: Synthesis

Du wirst es nicht glauben, aber du bist fast fertig. Fast...

Der vorletzte Teil der Bachelor-Dissertation beinhaltet die **Synthesis**. Der Name ist eigentlich schon so hässlich und schwer auszusprechen, aber ich erkläre ihn trotzdem einmal. Spätestens jetzt wirst du bemerken, dass sich eine gute Recherche der Literature Review auszahlt, denn in der Synthesis beziehst du <u>DEINE INDIVIDUELLEN FINDINGS</u> auf <u>DEINE OBEJEKTIVE LITERATURE REVIEW</u>. In anderen Worten: Du gehst Frage für Frage durch und schaust, was du herausgefunden hast (durch die Interviews) und was die Autoren aus der Literature Review dazu sagen. Meistens wirst du merken, dass deine eigenen Findings aus den Interviews die Findings aus der Literature Review unterstützen doch manchmal ist das eben nicht so und gerade dann ist es spannend für den Supervisor. Hier ein Beispiel aus meiner Bachelor-Dissertation:

Beispiel Synthesis:

> ### "...5.0.1 Competitive Advantage through HRM
>
> *Eight participants communicated in the interviews that competitive advantage can be achieved through retaining and recruiting employees. This is consistent with Ramlall (2003) and Beh & Loo (2013), who state that once the right candidate for the right job position is found, the subsequent task for human resources is to retain employees, train them, and develop their working skills. Additionally, seven other common answers referred to the principle that value also can be created through the offer of development opportunities for employees. Six interviewees further emphasized that competitive advantage can be achieved through continuous motivation and encouragement of the employees. These responses align with Ramlall (2003) and Beh & Loo (2013), who point out that it is the combination of various HRM practices that enables companies and organizations to garner competitive advantages. The characteristic that HRM also needs to focus on – aside from taking care of the employees – is the creation of value for the company's customers, as stated by Barney (1995) in Becker & Gerhart (1996). This focus was not included in any interviewee response. It was not mentioned in the literature, but R1 stressed that HR communicating current business problems within the company and its departments is key to ensuring the development of the right business culture..."*

Tipp 7: Beziehe dich auf die genauen Namen der Autoren.

Nachdem du Frage für Frage verglichen hast, bist du so gut wie fertig. Wenn du ein Streber sein willst und eine bessere Note kassieren willst, schreibst du jetzt noch deine **Conclusion und Future Recommendations.**

Step 6: Conclusion und Future Recommendations

Ja es ist fast vollbracht. Im nahezu letzten Schritt deiner Bachelor-Dissertation befasst du dich mit deiner Conclusion und dann mit deiner Future Recommendation.

Was hast du in deiner Studie herausgefunden? Zu welchem Endergebnis bist du gekommen? Gibt es Widersprüche zwischen Literature Review und deinen persönlichen Findings? Gibt es Gemeinsamkeiten? Gibt es Antworten, die du so nicht erwartet hättest? Was ist wichtig (in Bezug auf deine Main Question)?

➔ All diese Dinge kommen in deine Conclusion.

In deine Future Recommendations kommt dann deine persönliche Empfehlung für kommende Bachelor-Dissertations. In anderen Worten: Was sollte weiter erforscht werden. Kurz und knackig:

Beispiel Future Recommendations:

> *"...The author suggests doing future research on the elaboration of the aspect whether negative feedback and ambiguity in regard to the overall purpose of a PA do hinder line managers to conduct an appraisal. Furthermore, the researcher highly stresses that future research should be expanded upon the question if personal traits and behaviors do influence the results of a PA. Last, future research should be focused on the point why still today there is a lack of training for line managers in the procedure of designing, implementing and evaluating results of a PA and, why some companies or organizations still do not understand why each appraisal should be adjusted the individual organizational culture and business environment..."*

Step 8: Introduction, Cover Page, Table of Content

Du denkst du bist fertig? Sicher?

Falls du dir sicher bist, dass du alles gemacht und bedacht hast, dann gebe deine bachelor-Dissertation jetzt ab. Spätestens bei der Vergabe der Note wird dir auffallen, dass du deine Introduction vergessen hast, dein Inhaltsverzeichnis und Deckblatt. Tja, scheiße wars.

Falls du denkst du hast was vergessen, richtig gedacht!

Mache dich nun an deine Introduction. Wie bereits vorhin erwähnt, solltest du diese erst am Schluss machen, also jetzt. Kurz ein Beispiel aus meiner Gliederung zur Introduction:

Beispiel Introduction:

Wie du erkenn kannst, beinhaltet die Introduction den Background zu deiner Study, deine Reasons for Choice of Topic, die Academic Objectives of the Study und schließlich das Outline of the Study. Da dieser Teil, der erste Teil, ist, den dein Supervisor liest gehe ich auf jeden Punkt im Folgenden kurz ein.

Background

Hier ist es wichtig, dem Leser zu vermitteln, warum das Thema interessant ist. Beziehe dich hier auch auf Zitate oder Informationen von renommierten Autoren (Alles zusammen: Circa eine Seite)

Hier ein kleiner Auszug von meinem Background:

"...Performance appraisals (PA) or, in other words, "feedback talks" between supervisors and subordinates, are gaining significance within day-to-day business operations. This growing importance can be attributed to a company's ability to improve their overall performance through a well-implemented appraisal (Armstrong, 2000). According to Deepa et al. (2014), line managers are responsible for evaluating and analyzing an employee's performance over the past couple of days, weeks, and months in order to provide individualized recommendations for improvement. Giving feedback and evaluating the feedback results are anything but simple tasks for supervisors (Kondrasuk, 2011). Hence, it is inevitable that organizations and companies must properly train managers in how to design, implement, and evaluate an appraisal. Therefore, Armstrong (2000) as cited in Ciobanu & Ristea (2015) argues that the value of a well-implemented and well-designed PA represents an opportunity to gather corporate effective performance. Furthermore, Armstrong emphasizes that a well-conducted PA could cause the overall company's performance to improve due to a more highly motivated workforce. While some organizations or companies focus on the training and development of the skills of the line managers regarding the implementation of an appraisal, for other corporations it is not crucial to educate supervisors in this approach. Swanson (1995) in Ramlall (2003) argued that there is no better way as training, development and a continuous review of employees' performances when it comes to the necessity of improving the overall business performance. Additionally, Allan (1994) believes that there is no universal outline of a PA, thus, companies or organizations need to individually ensure that the appraisal template is adjusted to its organizational culture, needs, values and business environment..."

Reason for Choice of Topic

Warum interessiert dich das Thema? Was war deine Motivation dahinter, es weiter zu erforschen? Nenne hier deine persönlichen Gründe, warum du dich für dieses Thema entschieden hast.

Hier ein kleiner Auszug von meinen Reasons for Choice of Topic:

"...The term 'PA' was first encountered as part of an internship at a recruitment company. During the internship, it became clear that many employees of the company lacked interest in the process of appraisals. As the researcher recognized that his colleagues and himself had not been encouraged to take part in the appraisal with the supervisor, the intern became increasingly interested in finding out why people in general mostly dislike the overall PA procedure. He decided to determine more about other elements of a PA, such as different opinions, issues, advantages, and qualities concerning the design, implementation, and evaluation. This curiosity directed the author to the crucial part of his dissertation...."

Academic Objective of the Study

In diesem Abschnitt erklärst du, worauf du letztendlich hinaus willst. Was für ein Ziel verfolgst du mit deiner Bachelor-Dissertation?

Hier ein kleiner Auszug von meiner Academic Objective of the Study:

"...In the current study, the researcher aimed to deliver the essential criteria which a PA should fulfill, while also identifying the competencies and abilities that a supervisor should posess to ensure that the "PA" full potential is exploited . The influences of human resources in general, the effects performance management, and the impacts of the design of the appraisal itself were examined..."

Outline of the Study

Der letzte Teil deiner Introduction befasst sich mit dem Aufbau deiner Bachelor-Dissertation.

Hier ein kleiner Auszug von meiner Outline of the Study:

"...The present dissertation is divided into the subsequent chapters: introduction, literature review, findings, synthesis, and conclusion.
The introduction represents a broad overview on the research topic. The second chapter offers a critical review of the different opportunities, advantages, and disadvantages of an implemented PA. The literature signifies the basis for the design of the interview questions. Moreover, in the method chapter, the research methodology is explained and justified along with the approach he followed in conducting the interviews. In this section, the limitations of the study are pointed out, as well as how the author settled on the design of the questionnaire. The next chapter focuses on the findings from the individual interviews. The last episode covers the synthesis and the conclusion in which the author compares his findings with the information gathered from the literature review. The conclusion highlights the most important findings of the dissertation..."

So jetzt bist du sehr wahrscheinlich am Ende deiner Kräfte, ein bisschen Kraft solltest du allerdings noch für das Deckblatt und dein Inhaltsverzeichnis aufbewahren. Das Deckblatt, also das erste Blatt deiner Gesamtarbeit sollte demnach fehlerfrei sein. Auf das Cover Page kommen dein Name, dein Degree, Supervisor, der Titel deiner Bachelor-Dissertation und das Datum.

Vergesse nicht deine Student-ID und das wunderschöne HdWM-Logo.

Beispiel von meinem Deckblatt:

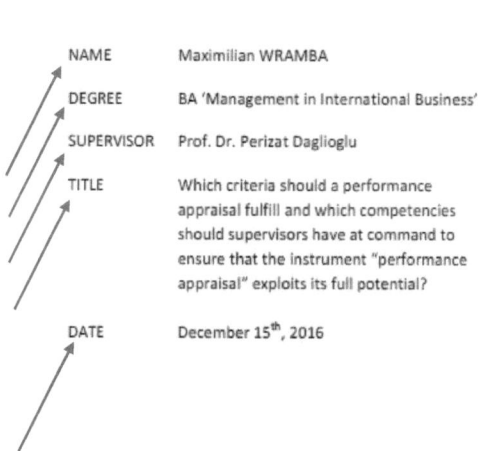

NAME   Maximilian WRAMBA

DEGREE   BA 'Management in International Business'

SUPERVISOR   Prof. Dr. Perizat Daglioglu

TITLE   Which criteria should a performance appraisal fulfill and which competencies should supervisors have at command to ensure that the instrument "performance appraisal" exploits its full potential?

DATE   December 15th, 2016

STUDENT No 68141415461

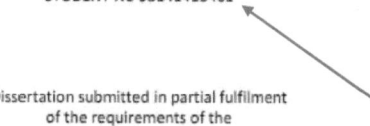

Dissertation submitted in partial fulfilment of the requirements of the

BA Degree Program at the

University of Applied Management Studies, Mannheim

HOCHSCHULE DER WIRTSCHAFT FÜR MANAGEMENT

UNIVERSITY OF APPLIED MANAGEMENT STUDIES

Das Inhaltsverzeichnis kannst du individuell gestalten. Schreibe auf keinen Fall!!! Dein Inhaltsverzeichnis selbst, sondern nutze die dafür vorgesehene Word-Option. Wenn du nicht weißt, wie das geht, schaus dir in Youtube an.

Beispiel Inhaltsverzeichnis:

Wichtige Tipps

References

Zum referenzieren musst du den Harvard Style verwenden. Hier ein Beispiel von einem richtig referenzierten Paper:

Fereday, J. & Muir-Cochrane, E., 2006. Demonstrating Rigor Using Thematic Analysis: A Hybrid Approach of Inductive and Deductive Coding and Theme Development. *International Journal of Qualitative Methods*, pp. 80-92.

Prüfen lassen

Auch wenn du denkst, dass dein Englisch super toll ist, glaub mir, so lange du kein native Speaker bist, wird dein Englisch nie perfekt sein. Daher ist es zu empfehlen, deine fertig geschriebene Bachelor-Dissertation von einem Muttersprachler / Muttersprachlerin prüfen zu lassen. Es gibt hierzu verschiedene Internetseiten. Ich kann dir www.scribbr.com empfehlen. Scribbr ist eine super Seite, die dir deine Bachelor-Dissertation sozusagen „korrigiert". Kosten: je nach Seitenanzahl circa 250 Euro. Mach das! Auch wenn Grammatik nur 10 % zählt, du würdest automatisch einem „schön zu lesenden" Buch eine bessere Bewertung geben, als einem grammatikalischen schlecht geschriebenen Buch. Oder nicht? Die Note deiner Bachelor-Dissertation behälst du ein Leben lang, keiner kann sie dir wegnehmen!

So und jetzt ran an die Wurst! In diesem Leitfaden steht alles, was du wissen musst und solltest! Viel Erfolg bei DEINER Dissertation!!!